BEI GRIN MACHT SICH IHR WISSEN BEZAHLT

- Wir veröffentlichen Ihre Hausarbeit,
  Bachelor- und Masterarbeit

- Ihr eigenes eBook und Buch -
  weltweit in allen wichtigen Shops

- Verdienen Sie an jedem Verkauf

Jetzt bei www.GRIN.com hochladen und kostenlos publizieren

Bibliografische Information der Deutschen Nationalbibliothek:

Die Deutsche Bibliothek verzeichnet diese Publikation in der Deutschen National-
bibliografie; detaillierte bibliografische Daten sind im Internet über http://dnb.d-
nb.de/ abrufbar.

Impressum:

Copyright © 2018 GRIN Verlag
Druck und Bindung: Books on Demand GmbH, Norderstedt Germany
ISBN: 9783668850170

Dieses Buch bei GRIN:

https://www.grin.com/document/452495

Pedro Versteegen

Betriebliche Wertschöpfung

Materialwirtschaft/Logistik, Global Sourcing, Leistungstypen der Produktion, Toyota-Produktionssystem

GRIN Verlag

GRIN - Your knowledge has value

Der GRIN Verlag publiziert seit 1998 wissenschaftliche Arbeiten von Studenten, Hochschullehrern und anderen Akademikern als eBook und gedrucktes Buch. Die Verlagswebsite www.grin.com ist die ideale Plattform zur Veröffentlichung von Hausarbeiten, Abschlussarbeiten, wissenschaftlichen Aufsätzen, Dissertationen und Fachbüchern.

Besuchen Sie uns im Internet:

http://www.grin.com/

http://www.facebook.com/grincom

http://www.twitter.com/grin_com

BETRIEBLICHE

WERTSCHÖPFUNG –

ALTERNATIVE A

Einsendeaufgaben SRH Fernhochschule Riedlingen

Modul: Betriebliche Wertschöpfung

Studiengang: Betriebswirtschaft und Management (B.A.)

Von: Joao Pedro Alexandre Versteegen

Inhaltsverzeichnis

1. Inhalt

Abkürzungsverzeichnis

z.B.	Zum Beispiel
evtl.	eventuell
vgl.	vergleiche
ggf.	gegebenenfalls
TPS	Toyota Produktionssystem
o.V.	ohne Verfasser

Abbildungsverzeichnis

Tabellenverzeichnis

Anlagenverzeichnis

2. Materialwirtschaft und Logistik – Aufgabe A 1

Klassische Materialwirtschaft findet man in vielen Unternehmen, ihre Aufgaben reichen vom Beschaffungsmarketing, über die Beschaffung und Disposition, bis hin zur Lagerung und Entsorgung der benötigten Güter[1]. Sie umfasst somit die Gesamtheit aller material- und informationsbezogenen Funktionen, sowie die Planung und Steuerung der damit einhergehenden Prozesse[2].

Die Logistik hingegen umfasst alle Maßnahmen zu einem optimalen Fluss aller Materialien, Werte und Informationen innerhalb des betrieblichen Leistungserstellungsprozesses. Sie ist ein Teilsystem der integrierten Marktwirtschaft[3].

2.1 Ziele der Materialwirtschaft und Logistik

Die Ziele die damit verfolgt werden, können von Unternehmen zu Unternehmen unterschiedlich sein und werden jeweils durch die obersten Ziele der Unternehmensführung abgeleitet[4]. Grundlegend kann man aber festhalten, dass meist die im folgenden aufgezählten Ziele mit der Materialwirtschaft verfolgt werden.

Zunächst ist die Kostenminimierung und Erhöhung des Gewinns ein wichtiges Ziel der Materialwirtschaft[5], erreichen möchte man dies durch möglichst günstige Einstandspreise und geringe Beschaffungskosten, deren Aushandlung auch ein Unterziel darstellt, sowie die Identifizierung von Kosten-oder Bestandssenkungspotenzialen.

Sicherheit ist den Unternehmen wichtig und ein elementares Ziel in Form der Sicherung von Beschaffungsmärkten, die durch eine konstante Kontaktaufnahme, einen partnerschaftlichen Informationsaustausch von Abnehmer und Lieferant, sowie ein ausreichendes Auftragsvolumen versucht wird zu erreichen. Auch die Sicherung von Qualität und Technologiestatus ist ein wichtiger Bestandteil[6].

---

[1] Vgl. Hartmann (2002), S. 30-31
[2] Vgl. Kluck (2014), S. 12
[3] Vgl. Kluck (2014), S. 12
[4] Vgl. Hartmann (2002), S. 38-39
[5] Vgl. Hartmann (2002), S. 38
[6] Vgl. Kluck (2014), S. 16-17

Ebenfalls im Verantwortungsbereich der Materialwirtschaft liegt die Optimierung der Kapazitätsauslastung, um möglichst keinen Leerlauf zu haben. Dazu gehört das alle benötigten Materialien oder Informationen zur richtigen Zeit am richtigen Ort eingesetzt werden können.

Häufig angestrebte Ziele sind auch die Politik der verlängerten Werkbank oder die Verringerung der Fertigungstiefe. Beide sollen die Wettbewerbsfähigkeit des Unternehmens stärken, indem man den man den Bezug von Bauteilen und Komponenten erhöht und weniger selbst fertigt oder montiert. Die Auswahl der davon betroffenen Komponenten, sowie deren Betreuung fällt in den Aufgabenbereich der Materialwirtschaft[7]. Ein Oberbegriff der häufig dafür gewählt wird ist Outsourcing[8].

2.2 Mögliche Zielkonflikte durch Materialwirtschaft

Durch den breit gefächerten Aufgabenbereich der Materialwirtschaft und der daraus resultierenden großen Menge an Schnittstellen innerhalb des Unternehmens entstehen zwischen diesen diverse Zielkonflikte[9].

Möchte ein Unternehmen z.B. den jährlichen Lagerbestand mit einer einzigen Lieferung decken um zu Sichern das die Produktion dauerhaft Teile zur Verwertung hat, so entstehen diverse Zielkonflikte.

Vorteilen:

- Die **Produktion** wäre optimal versorgt
- Der **Einkauf** würde durch evtl. Mengenrabatte und eine geringe Anzahl an Lieferungen bzw. eine einmalige Lieferung Kosten sparen
- Würden die bestellten Teile auch noch anderweitig vertrieben werden, so könnte der **Vertrieb** eine hohe Lieferbereitschaft anbieten, sowie mit Umweltbewusst sein werben aufgrund der Schonung von Ressourcen durch eine geringe Anzahl von Lieferungen

---

[7] Vgl. Kluck (2014), S. 17
[8] Vgl. Hartmann (2002), S. 38
[9] Vgl. Kluck (2014), S. 17-18

Nachteile:

- Das **Lager** würde deutlich mehr Kosten tragen müssen würden, da die Mengen an Materialien kommissioniert werden müssten. Zudem würden diese einen immensen Platz in Anspruch nehmen und so evtl. eine Erweiterung des Lagers erfordern oder den Platz für andere Materialien einschränken, deren fehlen dann an anderer Stelle für Konflikte sorgen könnte. Zudem steigen die Personalkosten durch Überstunden oder Neueinstellungen.

- Auch bei den **Finanzen** gäbe es Konflikte. Die große Bestellmenge bedeutet auch eine große Menge gebundenen Kapitals, dass dem Unternehmen in anderen Bereichen die Liquidität nehmen könnte. Zudem könnten Absatzprobleme oder eine mangelnde Auftragslage bedeuten, dass die Materialen an Wert verlieren bzw. keinen Umsatz generieren.[10]

2.3 Ansätze zur Lösung materialwirtschaftlicher Konflikte

Die vorrausgegangenen Ausführungen verdeutlichen, die Menge an möglichen Konfliktstellen der Materialwirtschaft mit diversen Bereichen im Unternehmen. Um diese Konflikte möglichst zu Vermeiden und möglichst alle Bereiche des Unternehmens optimal zu bedienen gibt es diverse Verfahren und Ansätze.

2.4 Bestellzeitpunktverfahren

Ein möglicher Ansatz ist die Verwendung des Bestellzeitpunktverfahrens. Zunächst wird im Lager ein Mindestbestand festgelegt der sichert, dass das Unternehmen die Lieferbereitschaft auch bei Zwischenfällen aufrechterhalten werden kann.

Ein weiterer festzulegender Bestand ist der Höchstbestand. Er bestimmt die höchste Lagerungsmenge des Materials im Lager und ist abhängig von den zur Verfügung stehend Lagermöglichkeiten, dem Tagesabsatz und der durch die Lagerung entstehenden Kosten.

Als drittes legt man einen Meldebestand fest, dieser wird errechnet aus dem eben erwähnten Mindestbestand addiert mit dem Ergebnis aus der Multiplikation von

---

[10] Vgl. Wannenwetsch (2002), S. 16 und Kluck (2014), S. 18

Tagesabsatz und Lieferzeit. Erreicht der Bestand diese Menge gibt es eine Bedarfsmeldung an die Disposition oder ggf. wird mit Hilfe des vorhandenen EDV-Systems direkt eine Bestellung durchgeführt. Bestellt wird dann die Menge an Waren, die benötigt wird um den Höchstbestand wieder zu erreichen.

Auf diese Weise ermöglicht das Bestellzeitpunktverfahren, dass die benötigten Waren immer dann geliefert werden, wenn sie zur Neige gehen und zur Verfügung stehen, wenn sie gebraucht werden. Zudem lassen sich die eben genannten Bestände stetig der aktuellen Situation des Unternehmens anpassen[11].

2.5 Die ABC-Analyse

Bei der ABC-Analyse sollen die vorhandenen Probleme klassifiziert werden in eine A-,B- oder C-Kategorie[12]. Sie soll helfen das Wesentliche vom Unwesentlichen zu unterscheiden, die verfügbaren Kapazitäten möglichst auf Bereiche mit hoher wirtschaftlicher Bedeutung zu lenken[13], Vergleichsmaßstäbe zu ermitteln und Transparenz zu schaffen. Sie wird oft auf Produktionsmaterialen angewendet[14].

Die klassische ABC-Analyse stellt einen Zusammenhang zwischen dem Wert und der Art eines Materials her. Zur Einordnung in die Kategorien werden den Kategorien Wert- und Artgrenzen zugeordnet. Diese sehen meist wie folgt aus:

Materialart	Wertgrenzen	Artgrenzen
A-Material	60-80 %	10-20 %
B-Material	10-20 %	30-40 %
C-Material	5-10 %	40-70 %

Tabelle 1: Wertegrenzen bei der ABC-Analyse[15]

In die A-Kategorie werden hochwertige und/oder umsatzstarke Materialien eingeordnet, diese sind besonders wichtig für das Unternehmen. Sie sollen bevorzugt, intensiv und sorgfältig behandelt werden.

---

[11] Vgl. Büsch (2017), S. 226
[12] Vgl. Kluck (2014), S. 35
[13] Vgl. Hartmann (2002), S. 170
[14] Vgl. Kluck (2014), S. 36
[15] Eigene Darstellung in Anlehnung an Kluck (2014), S. 36

In der B-Kategorie findet man mittelwertige Materialien mit mittelwertigem Umsatz. Mit diesen wird in Einkauf und Disposition vergleichsweise differenziert vorgegangen, bezüglich der Anfrageintensität oder Höhe der Sicherheitsbestände.

In die C-Kategorie werden niederwertige und/oder umsatzschwache Materialien eingeordnet. Bei diesen soll ein möglichst geringer Aufwand betrieben werden, z.b. durch Arbeitsvereinfachungen[16].

Die Durchführung einer ABC-Analyse erfolgt, indem zunächst alle verfügbaren Daten zum zu untersuchenden Material ermittelt und sortiert werden. Die Werte die sich daraus ergeben werden ermittelt und absteigend sortiert. Anschließend folgt die Einordnung in die eben vorgestellten Kategorien. Das Ergebnis kann anschließend in einer Lorenzkurve dargestellt werden[17].

---

[16] Vgl. Hartmann (2002), S. 177-178
[17] Vgl. Kluck (2014), S. 37

3. Global Sourcing – Aufgabe A 2

Global Sourcing ist eine Strategie zur globalen Materialbeschaffung von Unternehmen. Dabei erfolgt die Produktion national und die Beschaffung der dazu nötigen Materialien international[18]. Es geht konkret also um weltweites strategisches Beschaffungsmarketing, zur Ausnutzung globaler Wettbewerbsvorteile[19]. Diese Strategie wird meist von multinationalen Unternehmen genutzt, damit sind Unternehmen gemeint, die direkt in mindestens einem fremden Land produzieren oder investieren und dort transnational juristisch selbstständige Unternehmen bzw. Subunternehmen beherrscht[20].

3.1 Ziele von Global Sourcing

Einher mit der zuvor beschriebenen Definition stellt sich auch die Frage welche Gründe und Motive Unternehmen haben, die sich für eine Global Sourcing Strategie entscheiden bzw. welche Ziele damit verfolgt werden.

Eines der wichtigsten Ziele in unserer Zeit, ist die Senkung oder Eingrenzung von Kosten. So ist ein Ziel des Global Sourcing, die Findung von Beschaffungsquellen, die zu geringeren Kosten, die gleiche oder sogar eine bessere Qualität der benötigten Waren anbieten, als die Anbieter auf dem nationalen Markt[21].

Daraus folgen auch eine geringere Verhandlungsmacht der Lieferanten und somit eine Verringerung der Abhängigkeit zu bestehenden Lieferanten, aufgrund einer größeren Auswahl von Bezugsquellen[22].

Ein weiteres Ziel ist die langfristige Sicherstellung der Verfügbarkeit bestimmter Beschaffungsobjekte, die z.B. auf den nationalen Märkten ausgeschöpft sind und nur noch auf den globalen Märkten erworben werden können.

---

[18]Vgl. Kluck (2014), S.29
[19] Vgl. Piontek (1997), S.20
[20] Vgl. Ellrich (2014), https://www.klett.de/alias/1010898 (Stand: 28.12.2017)
[21] Vgl. Piontek (1997), S.27
[22] Vgl. Wildemann (2006), S.254

Risikostreuung ist auch ein mögliches Ziel, so können totale Lieferausfälle z.b. durch politische Unruhen in einem bestimmten Land vermieden werden, durch die Auswahl verschiedener Lieferanten in verschiedenen Ländern[23].

Natural-Hedging kann auch ein weiteres Ziel sein, um so eventuelle Wechselkursschwankungen zu umgehen, zur Verringerung von z.b. Transport- oder Mitarbeiterkosten.

Auch ein möglicher Nebeneffekt bzw. gewollter Effekt des Global Sourcing ist möglicherweise die Erfüllung von Local Content-Forderungen bestimmter Kunden, die so hinzu gewonnen werden können[24].

3.2 Möglichkeiten zur Umsetzung einer Global Sourcing-Strategie

Um eine Global Sourcing-Strategie in einem Unternehmen zu integrieren bzw. umzusetzen, ist es nach Wildemann zunächst einmal nötig sich die in der untenstehenden Abbildung visualisierten Fragen zu stellen, diese Fragen liefern die Informationsbasis, aus der dann eine Strategie abgeleitet werden kann:

Abbildung 1: Fragen zur Ableitung einer Global Sourcing-Strategie[25]

---

[23] Vgl. Piontek (1997), S.27
[24] Vgl. Wildemann (2006), S.254
[25] Eigene Darstellung in Anlehnung an Wildemann (2006), S. 254

Im Anschluss empfiehlt er die Anfertigung, eines Beschaffungsgüter-Portfolio, dass die Eignung der benötigten Beschaffungsobjekte bewerten soll, im Hinblick auf die durch Global Sourcing beeinflussbaren Beschaffungsobjektkosten, sowie auf das Versorgungsrisiko was man dadurch eventuell in Kauf nehmen muss.

Zu analysierende Kriterien für die Beschaffungsobjektkosten, sind neben den zu zahlenden Lohnkosten beispielsweise Kosten für Rohstoffe, Energiekosten, bestehende Fertigungskosten, sowie Transport- und Verpackungskosten.

Mögliche Kriterien für die Bewertung des Versorgungsrisikos, sind z.b. bestehende Schutzrechte, Zeiten zur Wiederbeschaffung oder die logistische Komplexität[26].

Innerhalb des Portfolios werden die Materialien bzw. Beschaffungsobjekte in vier „Eignungsbereiche" getrennt. Es wird differenziert in Standardmaterial, Unattraktives Material, Risikomaterial und Hebelmaterial. Das Hebelmaterial ist das Material, dass am besten und ohne Einschränkungen für Global Sourcing geeignet ist, während die anderen Materialklassen zwar auch geeignet sind, diese jedoch diverse Hemmnisse oder Nachteile mit sich bringen.

Zusätzlich soll auch ein Beschaffungsquellenportfolio erstellt werden, in diesem werden die Global Sourcing Potentiale und das Risiko der Beschaffungsquellen gegenüber gestellt unter der Betrachtung verschiedener Beschaffungssituationen, die vom Unternehmen gewählt werden, wie z.b. Steuern und Zölle oder die Logistikkosten einer bestimmten Quelle.

Auch die bestehenden Risiken der Märkte, werden mit diversen Kriterien analysiert, wie z.b. die politisch-rechtliche Situation, Eintrittsbarrieren oder vorhandene Infrastruktur.

Auch wie beim Beschaffungsgüterportfolio werden die Märkte in vier Eignungsklassen eingeteilt: Den Standartmarkt, den Risikomarkt, den Hebelmarkt und den Unattraktiven Markt. Die Hebelmärkte sind die, die besonders interessant für eine Global Sourcing Strategien sind und die anderen Märkte bieten zwar Potential aber auch gewisse Hemmnisse und Nachteile, die es begrenzen.

Wichtig ist, dass für jede Materialgruppe diese Portfolios angefertigt werden müssen, um eine Aussage über die Eignung des Materials für Global Sourcing treffen zu können.

---

[26] Vgl. Wildemann (2006), S. 255

Zum besseren Verständnis wie ein solches Portfolio aussieht und umgesetzt wird. sind im Anhang beide Portfolioarten (Abbildung 4 und 5) hinterlegt.

Sind die bisher gennannten Schritte abgeschlossen gilt es, die Erfolgsversprechenden Kombinationen aus Beschaffungsobjekten, Beschaffungsquellen und potenziellen Lieferanten heraus zu filtern. Dazu müssen die bisherigen Ergebnisse in einem Global Sourcing Portfolio zusammengeführt werden. Darin können sowohl bestehende, als auch potenziellen Märkte und Lieferanten dargestellt werden[27].

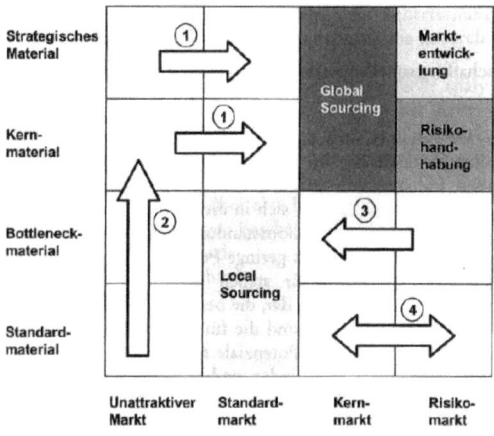

Abbildung 2: Normstrategien im Global Sourcing Portfolio[28]

Innerhalb des Portfolios sind verschiedene Bereiche und Normastrategien dargestellt. Durch die Anwendung der zuvor ermittelten Daten den Beschaffungsobjekten und -quellen auf das Portfolio ergibt sich die am besten geeignete Strategie für ein bestimmtes Objekt. Aus dem Portfolio geht hervor, dass die Beschaffung von strategischen und Kernmaterialien auf Kernmärkten, die optimale Kombination für Global Sourcing darstellt[29].

---

[27] Vgl. Wildemann (2006), S.255-259
[28] Vgl. Wildemann (2006), S. 258
[29] Vgl. Wildemann (2006), S. 258

3.3 Global Sourcing in der Automobilindustrie

Um die eben vorgestellte Vorgehensweise an einem Beispiel anzuwenden, verwendet Wildemann ein Unternehmen aus der Automobilindustrie. Das Unternehmen ist bereits sehr global ausgerichtet und möchte nun zusätzliche oder bisher ungenutzte Global Sourcing Potenziale identifizieren. Daraus geht hervor, dass die Analyse und Optimierung des bereits bestehenden Lieferantennetzwerks im Vordergrund steht. Dazu wurde eine weltweite Ausschreibung vorgenommen zur Findung geeigneter Lieferanten.

Als Pilotbereich wurde der Bereich elektrischer Antriebsstrang/Motorsteuerung gewählt und das Vorgehen in drei Hauptarbeitspakete getrennt:

Vor Beginn, als erstes Arbeitspaket, wurde zunächst eine Analyse und Bewertung der Ausgangssituation vorgenommen. Dabei wurde ermittelt welches Beschaffungsobjekt oder System überhaupt als Pilotprojekt in Frage kommt und gewählt werden soll. Aufgrund der großen Mengen an Systemen, Preisen und Restlaufzeiten des Motorlebenszyklus, sowie unterschiedlicher Datenqualität wurden Fünf Auswahlkriterien definiert, die das am besten geeignete System rausfiltern sollten.

Das zweite Arbeitspaket beinhaltete die Analyse und Bewertung des bestehenden Global Footprint bzw. des bestehenden Lieferantennetzwerks. Dazu wurden aus den im vorherigen Schritt ausgewählten Systemen ein Beschaffungsquellen- und Beschaffungsgüterportfolio erstellt, indem man auch hier bestimmte Kriterien aufstellte und alle verfügbaren Informationen zu den bestehenden Lieferanten sammelte wie z.B. Steuern und Zölle, Faktorkosten etc. und erstellte daraus im Anschluss dann ein Global Sourcing Portfolio, des bestehenden Global Footprint. Damit konnte man dann einen Soll/Ist Vergleich durchführen. Die daraus hervorgehenden Differenzen bildeten, dann die Basis für Konzeptworkshops mit den Lieferanten.

Hauptarbeitspaket Nummer Drei beinhaltete die Durchführung von Strategieworkshops mit ausgewählten Lieferanten. Die im Soll/Ist Vergleich ermittelten Ergebnisse stellte man hier den Lieferanten vor und erarbeitete dann mit den geeigneten Lieferanten Konzepte zur Umsetzung um möglichst bald den Soll-Zustand zu erreichen[30].

---

[30] Vgl. Wildemann (2006), S.259-263

4. Die Leistungstypen der Produktion – Aufgabe A 3

Es ist möglich Produktionsprozesse nach Mengenleistungen zu typisieren und zu systematisieren. Dabei unterscheidet man zunächst zwischen der Einzelfertigung und der Massenfertigung als Extremformen, sowie den Zwischenformen die nicht in die Extreme gehen. Zu den Zwischenformen gehören die Sorten-, die Serien- und die Chargenfertigung. Die Differenzen, unterschiedlichen Eigenschafften, sowie die Vor- und Nachteile der verschiedenen Leistungstypen werden im Folgenden vorgestellt und genauer auf ihre Flexibilität und Kosten untersucht.

4.1 Einzelfertigung

Die Einzelfertigung ist wie bereits erwähnt eine Extremform der Leistungstypen[31], da in der Regel meist Unikate individuell nach den Wünschen des einzelnen Kunden angefertigt werden[32].

Der hohe Grad an Individualisierung erfordert eine hohe Flexibilität des Produzenten, da sich die Bezugsquellen, sowie die benötigten Arbeitskräfte und -schritte, bei jedem Arbeitsauftrag unterscheiden können. Aus diesem Grund ist auch meist vor Beginn der Produktion eine aufwendige Vorbereitung nötig, denn jeder neue Fertigungsplan bedeutet eine neue Planung, die exakt auf das zu produzierende Produkt zu schnitten sein muss. Aufgrund dieses großen Aufwands und der Individualität geht die Einzelfertigung auch mit hohen Kosten einher.

In der Unternehmerischen Praxis wird die Einzelfertigung meist im Baugewerbe verwendet. Denn jedes neue Gebäude erfordert ein anderes Vorgehen, abhängig z.B. vom Baugrund oder den zu verwenden Materialien. Weitere mögliche Anwendungsbeispiele sind der Bau von Luxusschiffen oder die Fertigung von Designerkleidung in der Modewelt[33].

---

[31] Vgl. Ornau (2016), S. 51
[32] Vgl. Dyckhoff (2007), S. 25
[33] Vgl. Blohm (2008), S. 279

4.2 Massenfertigung

Die zweite Extremform der Leistungstypen ist die Massenfertigung. Sie ist das Pendant zur Einzelfertigung, da dabei eine große Menge eines einzelnen Erzeugnisses über einen langen Zeitraum produziert wird.

Somit bedeutet Massenfertigung eine große Anzahl an Wiederholungen. Daraus entsteht ein starrer Produktionsapparat, da jedes fertige Produkt möglichst gleich sein soll und keine qualitativen Unterscheide aufweist. Individualität ist also in dieser Form der Fertigung unerwünscht und bedeutet auch eine geringe bis nicht existente Flexibilität.

Die gute Planbarkeit und die große Masse, sowie die Standarisierung des Produktionsprozesses bedeutet niedrige Stückkosten. Ein weiterer Grund dafür ist die Substitution des Menschen durch Maschinen, da diese Form der Produktion große Automatisierungsmöglichkeiten bietet[34].

Beispiele für die Anwendung der Massenfertigung in Unternehmen sind die Herstellung von standarisierten elektronischen Bauelementen[35], Zigaretten oder Batterien[36].

4.3 Sortenfertigung

Die Sortenfertigung ist eine Variante der Massenproduktion. Dabei wird ebenfalls eine große Menge an Erzeugnissen hergestellt, allerdings bietet dieser Fertigungstyp eine gewisse Flexibilität, da nicht immer das selber hergestellt wird, sondern Produkte die Fertigungstechnisch und qualitativ dieselben sind, sich aber in gewissen Dingen unterscheiden, wie z.B. Farbe, Geschmack oder Größe.

Man unterscheidet also in Sorten. So haben wir auch hier eine niedrige Stückkostenzahl, sowie große Substitutionsmöglichkeiten des Menschen durch Maschinen. Der höhere Grad an Flexibilität bedeutet allerdings Mehrkosten, bzw. geringe Verluste, da man beim Sortenwechsel den Produktionsprozess für einen gewissen Zeitraum stoppen muss, um diesen anzupassen.

---

[34] Vgl. Blohm (2008), S. 279
[35] Vgl. Dyckhoff (2007), S. 25
[36] Vgl. Blohm (2008), S. 279

Sortenfertigung wird z.B. bei der Produktion von Jogurt in verschiedenen Geschmacksrichtung oder Wasserflaschen in verschiedenen Größen verwendet[37] [38].

4.4 Serienfertigung

Bei der Serienfertigung wird eine große Menge eines gewissen Erzeugnisses über einen bestimmten Zeitraum oder bis zu einer bestimmten Menge ohne Unterbrechung hergestellt. Während der Produktion wird hier auch ein qualitativ, wie optisch gleichbleibendes Erzeugnis angestrebt. Ist eine vorher festgelegte Stückzahl erreicht oder der geplante Zeitraum überschritten wird die Produktion gestoppt und auf die nächste Serie umgestellt.

Aus den vorherigen Ausführungen geht hervor, dass diese Form der Produktion auch nur einen geringen Grad an Flexibilität aufweist, da nur zwischen den Serien Änderungsmöglichkeiten vorhanden sind und auch nur in begrenzter Form.

Niedrige Stückkosten, sowie diverse Automationsmöglichkeiten sind auch hier Kostenvorteile. Allerdings sind zwischen den Serien meist lange Umrüstzeiten, in denen die Produktion stillsteht. Das bedeutet einerseits einen Umsatzverlust, aber auch hohe Kosten durch die Umrüstung an sich.

Serienfertigung wird meist in der Automobilindustrie oder der Reifenindustrie angewendet, da z.B. die Vorgehensweise bei der Fertigung eines Autos gleichbleibend ist, sich optische und technische Aspekte allerdings in jeder Serie ändern[39] [40].

---

[37] Vgl. Blohm (2008), S. 279
[38] Vgl. Ornau (2016), S. 90
[39] Vgl. Dyckhoff (2007), S. 25
[40] Vgl. Blohm (2008), S. 279

4.5 Chargenfertigung

Die Chargenfertigung ist eine Sonderform der Sorten- oder Serienfertigung. Charakterisiert wird sie durch die Charge (Fertigungslos). Eine Charge ist eine bestimmte Gütermenge, die sich nicht in ihren Eigenschaften unterscheidet und der Verarbeitung in einem zusammenhängenden Prozess abläuft. Die Menge des Produktionsergebnisses hängt von der Größe des Betriebsmittels ab. Somit ist die Produktion bei der Chargenfertigung mengenmäßig und zeitlich begrenzt. Sie funktioniert quasi wie die Sortenfertigung und benötigt von Sorte zu Sorte eine gewisse Umrüstzeit. Durch die diskontinuierliche Produktion entstehen ggf. ungewollte Produktdifferenzierungen. Zudem wird diese Art der Fertigung meist in der Stahl- oder Chemieindustrie angewendet und beinhaltet meist chemische Verfahren, deren Ergebnisse sich meist durch verschiedene Umstände unterscheiden. Somit ist kein Fertigungsdurchlauf wie der andere.

Also gibt es auch hier einen gewissen Grad an Flexibilität aufgrund der Umrüstungen, jedoch erfordert diese gewisse Kostenverluste und auch die begrenzte Produktionsmenge durch eine z.B. nur geringe Kapazität des vorhanden Betriebsmittels bedeutet höhere Kosten der Produktion, durch öfter Umrüstungen.

Anwendung findet sie z.B. in der Lackherstellung oder bei der Stahlgewinnung in Hochofen, deren Ausbringungsmenge abhängig von der Kapazität dieses Ofens ist[41] [42].

---

[41] Vgl. https://logistikknowhow.com/charge/ (Stand: 06.01.2018)
[42] Vgl. Blohm (2008), S. 279

5. Das Toyota Produktionssystem – Aufgabe A 4

Das TPS ist ein System, dass sich auf jeden Bereich eines Unternehmens auswirkt und eine gemeinsame Basis an Werten, Wissen und Verfahren beinhaltet. Es soll möglichst jeden einzelnen Mitarbeiter in die Lage versetzen die Qualität des Endproduktes, durch die Ständige Verbesserung der Produktionsprozesse und der Vermeidung jeglicher Ressourcenverschwendung zu optimieren[43].

Es ist das Ergebnis Jahrzehntelanger Entwicklungen und ist auf der ganzen Welt bekannt als eine führende Geschäftsphilosophie, durch messbare Vorteile in der Effizienz der Produktion und der Qualität. So wurde dieses System bereits von vielen Unternehmen übernommen und es wurden weitere Strategien und Systeme auf Basis des TPS entwickelt[44].

Es gilt auch als Ausdruck der Unternehmensphilosophie von Toyota, dem „Toyota Way", dessen Ziele Kontinuierliche Verbesserung und die Achtung des Menschen beinhaltet, verdeutlicht durch Fünf Kernwerte. Diese sind Challenge, Kaizen, Genchi Genbutsu, Respect und Teamwork. Alle diese Werte werden wird man in den folgenden Ausführungen über das TPS wiederfinden können, sowie Erläuterungen zu deren Umsetzung und Bedeutung[45].

Die Basis des TPS bilden zwei Säulen, die eine ist das sogenannte Just-in-Time[46] und die andere Jidoka, dass als Automation mit menschlichen Zügen übersetzt werden kann[47]. Auf diese Säulen möchte ich nun im Folgenden eingehen, sowie auf das Fundament auf dem die Säulen stehen auf Basis der Darstellung (Abbildung 3), die im Anhang hinterlegt ist.

---

[43] Vgl. o.V., Toyota Material Handling Deutschland GmbH (2010), S.5
[44] Vgl. o.V., Toyota Material Handling Deutschland GmbH (2010), S.7
[45] Vgl. o.V., Toyota Material Handling Deutschland GmbH (2010), S. 4
[46] Vgl. Ohno (2013), S.37
[47] Vgl. o.V., Toyota Material Handling Deutschland GmbH (2010), S.10

5.1 „Just in Time"

„Just-in-Time" bedeutet, dass bei einem Fließverfahren, die benötigten Teile zur richtigen Zeit und nur genau in der benötigten Menge ankommen, so ist es bei einer dauerhaften Praktizierung möglich sich einem Null-Lagerbestand anzunähern[48].

Die Beseitigung bzw. Vermeidung von Verschwendung wird im TPS Muda genannt und ist der erste Bestandteil des Just-in-Time-Prinzips[49].

Ein weiterer Bestandteil des Just-in-Time ist die Taktzeit. Sie stellt den Takt der Produktion da und ist die Zeit die für die Herstellung eines Produktes vorgesehen ist. Bestimmt wird sie durch die benötigte Menge und die verfügbare Arbeitszeit. Die benötigte Tagesmenge, also die Arbeit die an einem Tag zu schaffen ist erhält man bei einer Division des Monatsbedarfs durch die zu Verfügung stehenden Arbeitstage des Monats[50]. Durch die Ermittlung dieses Wertes ist es möglich den Produktionsprozess mit der Anfrage zu synchronisieren, um Überfluss- oder Unterproduktionen zu vermeiden[51].

Der dritte Bestandteil von Just-in-Time sind die Kanban-Karten. Sie enthalten Informationen über das Produkt, Entnahme und Transport, verhindern Überproduktionen und überflüssigen Transport, dienen als Arbeitsauftrag, verhindern Fehlproduktionen. Da man so feststellen kann bei welchem Arbeitsgang Fehler gemacht wurden, kann man so bestehende Probleme aufdecken und schafft eine Kontrolle des Lagerbestands, sowie dessen Verwendung[52].

Das Fundament für Just-in-Time Prozesse im TPS wird als Heijunka beschrieben. Bei Heijunka soll ein Produktionsprozess leicht das Produkt wechseln können, um so auf die bestehende Nachfrage reagieren zu können und nur das zu produzieren was aktuell auch gefragt ist und steht somit im Gegensatz zur Massenfertigung, bei der eine beliebig große Menge ohne Bezug auf die Nachfrage produziert wird[53].

---

[48] Vgl. Ohno (2013), S.40
[49] Vgl. o.V., Toyota Material Handling Deutschland GmbH (2010), S.9
[50] Vgl. Ohno (2013), S. 56-57
[51] Vgl. o.V., Toyota Material Handling Deutschland GmbH (2010), S.9
[52] Vgl. Ohno (2013), S. 65
[53] Vgl. o.V., Toyota Material Handling Deutschland GmbH (2010), S. 8

Durch die Anwendung von Heijunka sollen Muri und Mura beseitigt werden, die als Arten von Muda gelten[54]. Muda ist wie bereits erwähnt die Verschwendung, Muri die Unzweckmäßigkeit und Mura die Ungleichmäßigkeit.[55]

5.2 „Jidoka"

Die zweite Säule ist Jidoka und beschreibt innerhalb des TPS die Qualitätskontrolle oder Qualitätssicherung. Es schafft Transparenz in jeglichen Prozessen der Produktion und ermöglicht es so Abweichungen unmittelbar sichtbar zu machen und umgehend in Angriff zu nehmen[56].

Auch Jidoka hat drei Bestandteile:

Der erste ist das Genchi Genbutsu und bedeutet, dass man zur Quelle des Problems gehen soll, da Verbesserungen oft ein Ergebnis von entdeckten Problemen sind. Daher soll sich nicht auf Informationen von anderen verlassen werden, sondern man soll zur Quelle des Problems gehen und sich ein eigenes umfassendes und korrektes Bild machen[57], denn erst wenn das Problem erkannt ist eine optimale Lösung möglich[58].

Der zweite Bestandteil ist die Andon-Tafel, sie zeigt für alle gut sichtbar und elektronisch den aktuellen Status der Fertigungslinien an. Stellt ein Mitarbeiter einen Fehler fest oder eine Maschine, wird sofort das Management informiert und die Tafel zeigt präzise an wo der Fehler aufgetreten ist. Hierbei wird deutlich, dass auch die Mitarbeiter unmittelbar Verantwortung übernehmen für die Qualität der Produktion und dazu angehalten sind eigenständig zu handeln[59].

Um die vorhin angesprochene Transparenz zu erreichen, baut man in die Produktionsmaschinen Geräte ein die zwischen einem Normalzustand und einem Anormalen Zustand unterscheiden können. Gibt es eine Störung wird dies gemeldet und die Maschine stoppt ihre Produktion, um so Fehlproduktionen zu vermeiden[60],

---

[54] Vgl. o.V., Toyota Material Handling Deutschland GmbH (2010), S. 8
[55] Vgl. Ohno (2013), S.78
[56] Vgl. o.V., Toyota Material Handling Deutschland GmbH (2010), S. 10
[57] Vgl. o.V., Toyota Material Handling Deutschland GmbH (2010), S.10
[58] Vgl. Ohno (2013), S.41
[59] Vgl. o.V., Toyota Material Handling Deutschland GmbH (2010), S.10
[60] Vgl. Ohno (2013), S.40

desweiterten gibt es diverse Vorrichtungen, die es Mitarbeitern erschwert oder es sogar unmöglich macht Fehler am Arbeitsplatz zu begehen. Allgemein verwendete Teile sind z.B. so gekennzeichnet, dass jeder sie mühelos finden und verwenden kann[61]. All diese Kennzeichnungen und Methoden zur Fehlervermeidung, werden Poka-Yoke genannt, dass übersetzt Narrensicherheit bedeutet und den dritten Bestandteil des Jidokas ausmacht[62].

Das Fundament unter der Jidoka-Säule bildet die Standarisierung. Damit ist die Standarisierung der Arbeitsaufgaben gemeint, durch die die Qualität der Produkte konstant bleiben und das Produktionstempo gehalten werden soll[63].

5.3 „Kaizen"

Das Kaizen steht im Mittelpunkt des Fundaments, den Kaizen ist bei Toyota bzw. im TPS die grundlegende Philosophie. Mit Kaizen ist die gemeint, dass Verbesserung ein kontinuierlicher Prozess ist und dass alle die daran teilnehmen bzw. im Unternehmen arbeiten nach Verbesserungen suchen und diese auf allen Ebenen eines Unternehmens unterstützt werden, zudem fordert es Klarheit über die Ziele die erreicht werden sollen.

Auch Kaizen besteht aus drei Teilen.

Teil Nummer eins ist das TPS als „Thinking People System". Damit ist gemeint, wie bereits erwähnt, dass jeder Mitarbeiter dazu angehalten ist bzw. es wird von ihnen erwartet, mitzudenken und Verantwortung zu tragen und ihre Arbeit nicht wie Maschinen verrichten. Jeden Morgen finden Meetings statt, bei dem jeder Qualitätsabweichungen ansprechen kann, um deren Ursachen abzustellen, zudem steigt durch die Beteiligung der Mitarbeiter auch deren Zufriedenheit, da jeder wichtig ist für einen qualitativ hochwertigen Produktionsprozess.

Der zweite Teil ist das Überprüfen der Logik durch fünfmal Warum fragen vor der Einführung einer Verbesserung, da Kaizen fordert, dass alle Verbesserung vorher geprüft

---

[61] Vgl. o.V., Toyota Material Handling Deutschland GmbH (2010), S. 11
[62] Vgl. Ohno (2013), S.165
[63] Vgl. o.V., Toyota Material Handling Deutschland GmbH (2010), S. 10

werden. Dadurch soll das einführen von Verbesserungen ohne einen wirklich ersichtlichen Grund verhindert werden[64].

Den dritten Teil bilden die „5 S", die als Grundsätze für das gesamte Unternehmen gelten und sich nicht nur auf den Produktionsprozess beschränken. Durch diese Grundsätze sollen alle Mitarbeiter unabhängig von ihrer Position im Unternehmen gleichbehandelt werden und so eine Atmosphäre des Stolzes, sowie der Effizienz zu etablieren und zu pflegen.

Die Fünf S sind[65]:

- Seiri → Sieben
- Seiton → Sortieren
- Seiso → Säubern
- Seiketsu →Systematisieren
- Shitsuke → Selbstdisziplin

---

[64] Vgl. o.V., Toyota Material Handling Deutschland GmbH (2010), S. 12
[65] Vgl. o.V., Toyota Material Handling Deutschland GmbH (2010), S. 13

5.4 Bedeutung des TPS

Auf den Säulen und dem Fundament des TPS stehen die Ergebnisse die durch dieses System erzielt werden sollen bzw. welche verfolgt und erreicht werden. Genannt in der angesprochenen Darstellung sind[66]:

- Qualität

  Durch das Streben nach Verbesserungen mit dem Fokus auf Qualität ist diese stets das wichtigste und bietet somit diverse Vorteile für den Abnehmer

- Kosten

  Durch das Streben nach völliger Beseitigung von Verschwendung und der Anwendung des „Just-in-Time" Prinzips und der dadurch niedrigen Lagerkosten, können immense Kosten gespart werden, ohne dass das Endprodukt an Qualität verliert

- Lieferung

  Diese erfolgen stets pünktlich nach Zeitplan und nach dem erwarteten Standard, sodass der Kunde seine Abläufe planen und einhalten kann

- Umwelt

  Toyota sichert seinen Kunden Unterstützung zu bei jeglichen Umweltfragen, von der Fertigung bis zum Ende der Lebensdauer oder des Recyclings eines Produkts um zu garantieren, dass ihre Produkte eine gute Wahl für die Umwelt sind

- Sicherheit

  Alle Prozesse sind auf die Sicherheit des Endproduktes, sowie der eigenen Mitarbeiter fokussiert, da in keinem der Produktionsprozesse diese außen vorgelassen ist. So soll die Sicherheit praktisch schon „eingebaut" sein und so klare Kostenvorteile damit verbunden seien

---

[66] Vgl. o.V., Toyota Material Handling Deutschland GmbH (2010), S. 16

Anlagen

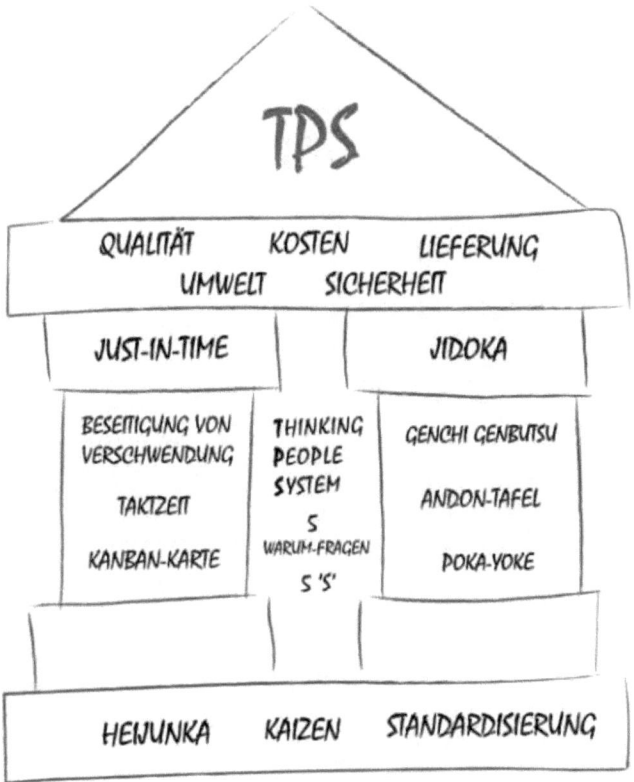

Abbildung 3: Das Toyota Produktionssystem[67]

---

[67] Vgl. o.V., Toyota Material Handling Deutschland GmbH (2010), S. 5

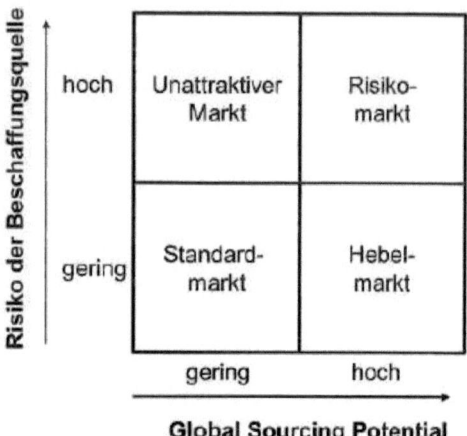

Abbildung 4: Beschaffungsquellenportfolio[68]

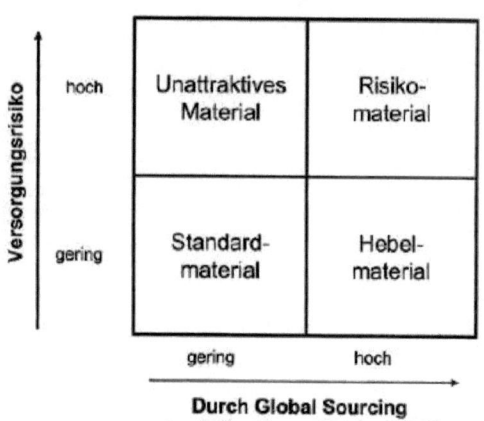

Abbildung 5: Beschaffungsgüterportfolio[69]

---

[68] Vgl. Wildemann (2006), S. 257
[69] Vgl. Wildemann (2006), S. 255

Literaturverzeichnis

Blohm, H.: Produktionswirtschaft, 4.Auflage, Berlin, 2008

Dyckhoff, H.: Produktionswirtschaft, 2.Auflage, Aachen und Braunschweig, 2007

Ohno, T.: Das Toyota-Produktions-System, 3.Auflage, Tokyo, 2013

Piontek, J.: Global Sourcing, 1.Auflage, München, 1997

Hartmann, H.: Materialwirtschaft: Organisation, Planung, Durchführung, Kontrolle, 8. Auflage, Gernsbach, 2002

Wannenwetsch, H.: Integrierte Materialwirtschaft und Logistik: Eine Einführung, 1.Auflage, Berlin/Heidelberg, 2002

Büsch, K.: Automobilkaufleute, 1. Auflage, Berlin, 2017

Wildemann, H.: Global Sourcing, Erfolg versprechende Strategieableitung. In Blecker, T./ Gemünden, H. G. (Hrsg.): Wertschöpfungsnetzwerke, Festschrift für Bernd Kaluza. Erich Schmidt. Berlin, 2006, S, 253-268

Kluck, D.: Materialwirtschaft Titel Nr. 0572-06, 6. Auflage, Riedlingen, 2014

Ornau, F.: Produktion Titel Nr. 0567-09, 9. Auflage, Riedlingen, 2016

Ellrich, M.: Infoblatt Global Sourcing, Leipzig, 2012, https://www.klett.de/alias/1010898 (Stand: 28.12.17)

o.V.: Toyota Material Handling Deutschland GmbH (Hrsg.): Das Toyota Produktionssystem und seine Bedeutung für das Geschäft, 2010

o.V.: Charge, Stutensee, 2013, https://logistikknowhow.com/charge/ (Stand: 06.01.18)

BEI GRIN MACHT SICH IHR WISSEN BEZAHLT

- Wir veröffentlichen Ihre Hausarbeit,
  Bachelor- und Masterarbeit

- Ihr eigenes eBook und Buch -
  weltweit in allen wichtigen Shops

- Verdienen Sie an jedem Verkauf

Jetzt bei www.GRIN.com hochladen und kostenlos publizieren